AF440393

ÉTUDE GÉNÉALOGIQUE

SUR

LA FAMILLE CUREL

(EN COMTAT-VENAISSIN)

SUIVIE

De NOTICES sur Charles-Alexis **CUREL**, Chef de Bataillon,
et sur le Docteur Ernest **CUREL**, médecin militaire,

PAR

J.-E. MINJOLLAT DE LA PORTE

ÉTUDIANT EN MÉDECINE

Ex-Maître-Répétiteur (chargé de classe élémentaire) au Lycée de Marseille,
Membre de la Société littéraire, agricole et industrielle de Sorgues,
de la Société d'Archéologie de la Drôme,
de la Société archéologique, littéraire et scientifique de Béziers,
et d'autres Académies savantes.

AOUT 1872

GRENOBLE
IMPRIMERIE DE PRUDHOMME
Rue Lafayette, 14

A MONSIEUR LOUIS-HILAIRE-ESPRIT CUREL

MÉDECIN

A SON ÉPOUSE ET A LEURS ENFANTS

Amitié sincère et dévouement sans bornes.

L'Auteur,

J.-E. M. DE LA PORTE.

Manoir de Rocheblaine (Forez), le 16 août 1872.

GÉNÉALOGIE

DE

LA FAMILLE CUREL

Aliàs CUREAU

EN COMTAT-VENAISSIN

I. INTRODUCTION. — ARMOIRIES.

> « En respectant le nom de mes ancêtres, je
> » fais honorer le mien. »

Chaque époque a sa physionomie ; le trait caractéristique de la nôtre sera l'oubli des gloires passées et, de plus, l'ingratitude pour les dévoûments présents. Les générations issues du cataclysme de 93, encore imprégnées du sang de la Révolution, conspirent pour effacer les personnalités. Après avoir incendié les châteaux, brûlé les vieux titres et les parchemins, elles voudraient achever cette œuvre de vandalisme en détruisant les plus respectables souvenirs des anciennes familles. La noblesse de nom et la noblesse de cœur que les descendants des sans-culottes ont voulu renverser, parce qu'elles restaient comme une preuve de leurs spoliations, n'ont pas disparu de notre belle France ; les anciennes traditions, les vieux souvenirs, sont encore là vivants et semblables à des spectres vengeurs pour exciter les remords des hommes issus de la *Terreur*.

Comment lutter contre l'oubli et la froide indifférence qui frappent tout ce qui est noble et grand ? en cherchant à faire revivre le passé et en enseignant à une génération oublieuse de ses ancêtres quelles furent les gloires de ces derniers.

C'est donc avec deux sentiments bien doux à l'âme, le premier de sincère affection pour une famille liée à la nôtre par le cœur et par les souvenirs ; le second, de vive gratitude pour le jeune Docteur que nous pleurons tous, que notre plume tracera quelques pages simples et sans fard pour sauver de l'oubli les gloires des *Curel* et conserver aux générations futures la mémoire de deux officiers distingués (l'oncle et le neveu) restés fidèles aux principes de leurs aïeux, et dont l'existence put se résumer par ces trois mots : *honneur, courage, dévoûment*.

En France, l'hérédité des noms de famille n'a commencé qu'après les croisades, époque où les *armoiries* furent réglementées. Ce ne fut qu'au XIᵉ siècle et notamment sous saint Louis que l'usage en devint général. Auparavant, on ne portait qu'un nom et on établissait la filiation en disant : *Louis* fils de *Paul*, *Pierre* fils de *Jean*, etc.

On distingue donc trois catégories par rapport à leur origine :

1° Les noms de terre ou de fiefs, comme de la Porte *d'Ayguières*, de la Porte *de l'Artaudière*, de la Porte *de Ternay* ; 2° les sobriquets ou surnoms se rattachant, soit aux habitudes, soit au caractère d'une personne, comme *Curel*, *Cureau*, *Taillefer*, *Meauclair* ; les noms qui dérivent des noms de baptême, comme Arbogaste, Foulques, Lazare, Hugon.

Le nom de Curel appartient à la seconde catégorie. De temps immémorial, cette famille se fit remarquer par son goût pour la chasse, et ses armoiries parlantes en sont la meilleure preuve. Curel se prononce cureau (cu-rè-au) en langue provençale, de là l'orthographe de *Cureau* qu'on trouve dans des parchemins en langue romane et dans les vieux registres jusqu'à la fin du XVIIᵉ siècle.

Anciennement, les nobles avaient seuls le droit d'avoir des armoiries représentant leur écu et autres armes dont ils se servaient à la guerre. Mais, depuis 1371, il fut permis aux roturiers de porter des armoiries simples ; les armoiries timbrées furent seules une preuve de noblesse. Il y avait aussi diverses espèces de noblesse : la noblesse accidentelle, la noblesse de charge, la noblesse par les armes et la noblesse cléricale.

Le titre de *bourgeois* qu'on trouve précédant le nom de *Curel* dans certains parchemins, signifiait autrefois homme de guerre, habitant du bourg ; bourg signifiait château, tour. Le premier Curel, connu au XVIᵉ siècle (Barthélemy), portait le titre de seigneur (*dominus*), car on trouve dans un vieux pouillé de la rectorerie de Carpentras : « *Capella domini Bartholomæi Curel*, chapelle du seigneur Barthélemy Curel (1543).

Jean-Esprit Curel, né le 8 juin 1632, portait un écusson ainsi composé : *D'or à trois pals retraits d'azur, au sanglier passant de sable, miraillé de gueules et défendu d'argent en pointe.*

En 1816, Louis-Lazare-Alexis-Augustin Curel, officier du Royal-Louis, changea les pals en un chef d'azur, à une fleur de lis d'or accompagnée de deux croissants de même. L'héritier de ces armoiries est actuellement Louis-Hilaire-Esprit Curel.

Jean-Louis Curel, prieur de St-Pons (diocèse d'Uzès) en 1762, portait : Coupé d'argent et d'azur à une hure de sanglier de sable en chef, à la croix d'argent en pointe, l'écu surmonté d'un chapeau noir à trois houppes de même, rangées 1 et 2, au bâton prieural fait comme un bourdon de pèlerin, derrière l'écu en pal.

Albert Curel, étant le fils aîné, continuant la descendance, ces armes ont été adoptées par Félix Curel, second fils vivant de Louis-Hilaire-Esprit.

Enfin, Marie Curel, née en 1717, porta jusqu'en 1739 (époque où elle quitta le couvent pour se marier) : *Écartelé au 1 et au 4 d'argent, à la hure de sanglier de sable défendue d'argent, au 2 et au 3 d'azur, à une flamme d'or,* l'écu posé sur un cartouche entouré d'une cordelière avec une étoile rayonnante le timbrant. Cet écusson est porté de nos jours par Mademoiselle Louise-Henriette Curel, première née de la branche aînée (10e degré), qui continue la filiation.

Nous allons passer maintenant à la généalogie prouvée des Curel.

II. LA FAMILLE CUREL, DU XVIe AU XIXe SIÈCLE.
(Généalogie complète.)

La famille Curel (*aliàs Cureau*) a toujours joui, en Comtat-Venaissin et en Provence, de la considération qu'on n'accordait qu'à la noblesse. Elle doit à son ancienneté et aux services de ses membres dans le clergé, dans l'armée, dans le barreau et dans la médecine, la renommée qu'elle justifie par ses titres domestiques et par ceux des dépôts publics.

Originaire de Méthamis ([1]), longtemps fixée à Carpentras, elle est connue depuis le XVIe siècle, ainsi qu'il conste des anciens registres de Méthamis échappés à 93 et d'après lesquels a été dressée cette généalogie.

PREMIER DEGRÉ. — Seigneur Barthélemy Curel (*aliàs* Berthoümieou Cureau), de Méthamis, marié avec dona Lucie Boumanelle, décédé le 5 décembre 1592 (folio 66 du plus vieux registre, Pierre de Bouzone, vicaire), père de

SECOND DEGRÉ. — Curel (*aliàs* Cureau), né le 23 octobre 15.. (millésime effacé en partie) à Méthamis (folio 182), marié avec Antoinette Cartoux, mort le 26 juillet 1631 (folio 87) (A. Cartosi, vicaire), père de

TROISIÈME DEGRÉ. — Curel (*aliàs* Cureau) Denis, né à Méthamis le 21 octobre 1595 (folio 16), marié avec Anne Rousse, mort le 17 octobre 1655 (A. Cartosi, vicaire), père de :

I. Curel Jean-Esprit, qui suit, au 4e degré ;

II. Curel Pierre, né le 8 juin 1632 (folio 89), mort le 5 septembre 1677 (Antoine Cartosi, vicaire), qui eut quatre fils, savoir :

([1]) *Méthamis,* commune de France, peuplée d'environ mille habitants, à six lieues nord-est d'Avignon, canton de Mormoiron, arrondissement de Carpentras (Vaucluse). Sa situation est pittoresque. On y exploite des mines de houille (lignite). Fromages estimés des gourmets. St Denis (9 oct.) est la fête votive.

1° Jean Curel, né le 16 septembre 1661 (folio 28), dont un fils, Michel Curel, né le 30 septembre 1682 (pag. 95), qui fut père de Jean-Joseph Curel, né le 17 octobre 1704, dont deux fils, Alexis Curel, mort curé de Méthamis, et Michel Curel, né le 13 juillet 1728, père de Joseph Curel, sans postérité ;

2° Pierre Curel, établi à Méthamis ;

3° Le Père Félix, capucin ;

4° Jean-Jacques Curel, mort curé de Méthamis.

III. Curel Jean, né le 23 janvier 1635 (folio 24), cohéritier avec Jean-Esprit, père de :

1° Denis Curel, né le 25 juin 1666 (pag. 39), qui eut un fils, Jean-Antoine Curel, père de Denis Curel, né le 16 septembre 1724, dont un fils unique sans enfants, Jean-Denis Curel (tous de Méthamis) ;

2° Jean-Esprit Curel, établi à Vénasque [1] ;

3° Jean Curel, établi à Carpentras, qualifié *noble* dans divers actes publics, eut d'Ursule Vachon son épouse, le 16 septembre 1717, à Carpentras, un fils, Etienne Curel, qui jouit constamment de l'estime publique et se fit une renommée comme jurisconsulte. Après avoir été élu 3e consul de cette ville, en 1750, 1757 et 1772, il fut nommé 2e consul dès 1773. Il était qualifié avocat en la Cour, et fut créé notaire en 1739. Etienne était, comme son fils, très-laborieux et colligea plusieurs documents dans les vieux titres du pays. Il décéda le 12 avril 1784 et laissa un fils :

Antoine-François-Hippolyte, né à Carpentras, le 22 juillet 1744, d'Etienne et de Marie-Victoire Vincent ; obtint le grade de licencié ès droit, et fut créé notaire de cette ville en 1765. Après avoir été nommé 3e consul en 1775 et 1776, il devint, en 1792, membre de la municipalité et fut en cette qualité condamné à mort, avec ses collègues, par la Commission populaire d'Orange, le 19 juillet 1794. Barjavel, dans son ouvrage sur les hommes célèbres de Vaucluse, dit qu'il l'a mentionné à cause des services qu'il a rendus au pays par son habileté à déchiffrer les anciennes écritures. Il exhuma une foule de documents ensevelis dans les archives de l'hôtel-de-ville, de l'évêché, de la rectorerie et du chapitre de Carpentras. En 1762, il avait dressé l'inventaire des titres de la province Comtadine. Il forma, de ses laborieuses recherches, plusieurs volumes de manuscrits avec cette suscription : *Curelliana*.

On voit aux archives de la mairie de Carpentras des cahiers écrits de sa main avec beaucoup de soin et d'exactitude. Un certificat émané du recteur J.-C. Zollio, en date du 17 janvier 1784,

---

[1] *Vénasque*, en latin *Venasca*, en provençal *Vénasquo*, était du Comtat-Venaissin, de la judicature de Carpentras, son chef-lieu d'arrondissement, canton de Pernes ; population, 1238 habitants. Armoiries : « De gueules à la croix denchée, vidée et pommetée d'or. » Fête votive le 15 août.

atteste le besoin que l'on avait alors des lumières de Curel pour utiliser les renseignements administratifs ou historiques, cachés, soit dans les vieux registres de la chancellerie rectoriale, soit dans ceux qui concernaient la province. On ne lui connaît pas de descendants.

QUATRIÈME DEGRÉ. — Curel Jean-Esprit, fils de Denis et de Anne Rousse, né le 24 juin 1627 (folio 87), cohéritier avec Jean, marié avec Anne-Marie Vergier; mort le 24 août 1702 (folio 14), père de :

CINQUIÈME DEGRÉ. — Curel Jean-François, né le 30 mars 1667 (pag. 45), marié avec Marie Villon; mort le 2 septembre 1744 (César Vaton, vicaire), père de :

I. Martin Curel, qui continue la descendance;

II. Jean-Baptiste Curel, né le 4 février 1696, curé de Cruas (¹), diocèse de Viviers; décédé le jour de son patron, 1780 ;

III. Jean Curel, né le 13 novembre 1701, établi à Molan; décédé en octobre 1768, qui fut père de : 1° Jean-Pierre Curel; 2° Michel Curel, dont la postérité est inconnue ;

IV. Thomas Curel, né le 2 octobre 1709, établi à Méthamis; mort le 20 janvier 1791 ;

V. Jean-Louis Curel, né le 8 mars 1715, curé de St-Quentin, diocèse d'Uzès, en 1745, prieur de St-Pons le 15 janvier 1762, savant archéologue et casuiste distingué; fit des recherches sur sa famille, et c'est grâce aux notes que nous avons de lui que nous avons pu composer cette généalogie. Il avait compulsé tous les vieux registres de Méthamis.

Condamné à la peine de mort par le tribunal révolutionnaire, il fut guillotiné, mais il sauva la vie à un de ses arrière-neveux, Louis-Lazare-Martin Curel, pharmacien, aussi condamné à la peine capitale ;

VI. Marie Curel, née le 24 août 1717, mariée à Flacan avec Benoît Villon, le 19 janvier 1739. Nous avons signalé ses armoiries dans la première partie de l'ouvrage; elles ont été adoptées de nos jours par Mademoiselle Louise-Henriette Curel, née en 1841, directrice de maison d'éducation.

SIXIÈME DEGRÉ. — Curel Martin, né en 1699 (pag. 11), marié à Marie Thomé, père de :

SEPTIÈME DEGRÉ. — Curel Louis-Martin, né le 21 août 1732, marié avec Anna-Rose Lazare, à Carpentras, le 5 février 1766; décédé le 18 septembre 1784, père de :

I. Marie-Thérèse Curel, née le 1er août 1767, filleule de Curel

---

(¹) Cruas, commune du département de l'Ardèche, possédait un château-fort célèbre sous la féodalité. La cure de Cruas était fort importante avant 1789, et le souvenir de l'abbé Curel s'est perpétué dans cette commune.

Martin, son grand-père, et de Marie Guion, épouse de Jean-Baptiste Lazare, sa grand'mère;

II. Marie-Anna Curel, née le 30 juillet 1769;

III. Louis-Lazare-Martin Curel, qui suit;

IV. Gabriel Curel, né le 14 mai 1773; décédé en 1778;

V. Jean-Baptiste-Thomas Curel, né le 1er décembre 1775; mort à l'armée en 1792;

VI. Jean-Baptiste Curel, né le 30 novembre 1779;

VII. Marie-Rose Curel, née le 2 octobre 1781; décédée le 6 août 1785;

VIII. Louise Curel, née le 26 août 1782; décédée le 15 décembre 1785.

Huitième degré. — Curel Louis-Lazare-Martin, né le 12 avril 1771, marié le 27 juillet 1792 à Demoiselle Marie-Joséphine Allibert, fille légitime de Félix-Augustin Allibert et de Demoiselle Marie-Magdeleine Seguin (1). Entra en pharmacie chez le conseiller Barret, à Carpentras, le 21 septembre 1789 jusqu'au 1er juillet 1792. Reçu ensuite pharmacien, établi à Carpentras.

Dénoncé sous la Terreur, comme royaliste, il fut envoyé dans les cachots révolutionnaires et condamné à mort par le tribunal populaire d'Orange. Il dut la vie à un hasard providentiel. Incarcéré avec un grand nombre de condamnés, le représentant du peuple vint procéder à l'appel des malheureux destinés, ce jour-là, à la guillotine. Le nom de Curel fut prononcé des premiers. Louis-Lazare-Martin allait s'avancer pour marcher au supplice, lorsqu'il fut retenu par un de ses compagnons d'infortune aussi prisonnier : un respectable ecclésiastique du nom de Curel, avancé en âge, s'avançait lentement. Le nom de Curel fut de nouveau répété, mais l'agent national Goupilleau prétendit qu'il y avait double emploi et que l'abbé Curel était seul en prison.

Louis-Lazare dut la vie au prêtre son homonyme et son parent. Nous donnons ci-après l'ordre *(in extenso)* en vertu duquel il fut mis en liberté. C'est une pièce historique des plus curieuses à consulter :

« Au nom du peuple français, égalité, ..., liberté, les représentants du peuple français, envoyés dans les départements de Vaucluse, du Gard, de l'Hérault et de l'Aveyron, pour y assurer le bonheur du peuple et le triomphe de la République,

» Vu la pétition du citoyen Louis-Lazare-Martin Curel, *appoticaire (sic)* de la commune de Carpentras, détenu dans les prisons d'Orange, et aussi les pièces jointes à sa pétition;

---

(1) C'est à cette famille Seguin, alliée aux Curel, qu'appartiennent les Seguin de Carpentras, dont M. Seguin, recteur de l'Académie de Besançon, et son frère, pharmacien de première classe à Cavaillon.

» Considérant que le pétitionnaire est détenu sans motifs valables ;

» Arrêtent que ledit citoyen Louis-Lazare-Martin Curel sera sur-le-champ remis en liberté, en vertu de la loi du 21 messidor ;

» Ordonnant la levée de tous séquestres sur ses biens et les scellés sur ses papiers, meubles et effets.

» Chargent l'agent national du district d'Orange de l'exécution du présent.

» A Carpentras, le premier sans-culotide, an II de la République française, une et indivisible. Ph. Ch., dc. Goupilleau, et Maesnon, secrétaire de la commission.

» Certifié conforme à l'original par nous agent national du district d'Orange, le deuxième des sans-culotides, 2ᵉ année républicaine.

» Signé BRISSON *(presque illisible)*. »

Cette pièce est scellée d'une empreinte en cire rouge représentant une déesse coiffée du bonnet phrygien. On lit en légende : *Agent national. Carpentras.* Le reste est indéchiffrable. (Aux archives de la famille Curel, à Sénas.)

Curel Louis-Lazare-Martin fut père de onze enfants, savoir :

I. Louis-Lazare-Alexis-Augustin Curel, qui suit ;

II. Jean-Marie-Martin Curel, né le 3 septembre 1795. Son parrain fut son oncle, le chevalier Jean-Marie Allibert, et sa marraine, Magdeleine Seguin sa grand'mère. Décédé le 14 septembre 1797 ;

III. Marie-Anne-Rose Curel, née le 23 mai 1798, morte le 13 vendémiaire an X-5 octobre 1801 ;

IV. Augustin-Joseph-Gracieux Curel, né le 30 août 1799, eut pour parrain Jacques-Bernard-Marie-Gracieux Imbert, neveu de son père, et pour marraine, sa cousine Elisabeth Justiniani ; décédé le 1ᵉʳ septembre 1801 ;

V. Marie-Thérèse-Julienne-Antoinette Curel, née le 13 juin 1802, filleule de Jacques-Bernard-Marie-Gracieux Imbert et de Marie-Thérèse Curel, épouse Imbert, sa tante, baptisée aux Observantins le 27 juin 1802 ;

VI. Charles-Marie-Martin Curel, né le 4 novembre 1804 (une erreur d'état civil le fait naître le 14), actuellement vivant et résidant à Méthamis ; sa marraine était sa tante Marie-Louise-Claire Allibert ;

VII. Martin Curel, né le 29 mai 1807, se destina à l'exploitation des mines, art qu'il étudia avec succès à Alais et à St-Etienne. Il périt le 15 décembre 1823, à l'âge de 16 ans, dans une mine où il faisait une expérience, à la suite d'une explosion et d'une chute de plusieurs mètres ;

VIII. Augustin-Julien-Joseph-Ambroise Curel, né le 7 décembre 1809 ; mort le 27 septembre 1812 ;

IX. Marie-Marguerite-Barbe, née le 4 décembre 1811, filleule de Georges Bressy et de Marguerite Roux, son épouse ; morte le 20 décembre 1813 ;

X. Louise-Marguerite-Thérèse, née le 5 mai 1814 ;

XI. Auguste Hilarion Curel, né le 21 octobre 1819, filleul d'Auguste Coudray, de Mazan, et de Mélanie Boudel. Lors de la guerre de 1870, il s'engagea volontaire dans le 8e régiment de ligne, fut grièvement blessé et envoyé à Lyon, à l'Hôtel-Dieu, où il mourut quelques mois après des suites de ses blessures.

NEUVIÈME DEGRÉ. — Curel Louis-Lazare-Alexis-Augustin, né le 17 juillet 1794, marié le 20 janvier 1819 avec Marie-Thérèse-Félice-Amélie Allibert, fille de Félix-Augustin-Roland Allibert, pharmacien, et de Anne-Marié-Spirite Du Clercq, tous natifs et habitants de Carpentras.

Conscrit de 1814, il entra dans la garde départementale de Vaucluse, le 1er janvier 1812, passa dans la réserve le 6 mars 1813 (276), caporal le 9 avril suivant, rentra en congé à Méthamis le 1er juillet 1814. Admis lieutenant dans la légion de Vaucluse, le 14 décembre 1815, il avait été précédemment sergent (8 mars 1815), puis sous-lieutenant au Royal-Louis (formé par le major Lambeau). En octobre 1816, il se retira du service. Il tenait alors garnison à Montélimar.

Médaillé de Ste-Hélène, il jouissait d'une pension annuelle de l'Etat (inscrite au grand livre) depuis quelques années, lorsqu'il est mort à Sénas (Bouches-du-Rhône), chez son fils aîné, le 20 juillet 1866. Il avait rempli les fonctions de secrétaire de la mairie de Méthamis durant trente années.

Il était père de quatre enfants :

I. Louis-Hilaire-Esprit Curel, qui suit ;

II. Marie-Louise-Félice-Joséphine Curel, née le 24 janvier 1822, décédée le 25 octobre 1822 ;

III. Adélaïde-Louise-Emilie Curel, née le 24 avril 1824, décédée en octobre 1870 ;

IV. Charles-Alexis Curel, né le 12 juillet 1829 ; mort chef de bataillon à la bataille de Spickeren-Forbach, le 6 août 1870, auquel nous consacrons une notice détaillée.

DIXIÈME DEGRÉ. — Curel Louis-Hilaire-Esprit, né le 13 janvier 1820, à Méthamis, baptisé le 2 février suivant. Son parrain fut Louis-Lazare-Martin Curel, son grand-père, et sa marraine, Anne-Spirite du Clercq, sa grand'mère. Son père le destina à la médecine ; il exerça comme médecin à Cheval-Blanc et à Malemort (Vaucluse), se fixa en cette qualité à Sénas, canton d'Orgon (Bouches-du-Rhône), dont il fut maire durant dix ans. Marié le 22 octobre 1839 à Marie-Virginie Bedouin, de Sénas, dont il eut huit enfants :

I. Curel Louise-Henriette, née à Cheval-Blanc (¹), le 18 mai 1841, baptisée le 22 mai même année ; eut pour parrain son grand-père Curel, et pour marraine, sa grand'mère maternelle Bedoin, née Lite. Reçut une éducation solide et variée, et fut destinée à la rude carrière de l'enseignement, dans laquelle elle obtint du succès. A l'âge de seize ans, en 1857, elle entra en qualité de seconde sous-maîtresse au pensionnat de premier ordre de Mademoiselle Sarnette, à Cavaillon, devint première maîtresse-adjointe dans le même établissement en 1860 et y resta jusqu'en 1870. Après plus de douze ans de services, qui lui valurent l'estime générale à Cavaillon, elle quitta le Pensionnat Sarnette pour venir s'établir à Sorgues-sur-l'Ouvèze en qualité de directrice de l'école laïque de jeunes filles, subventionnée par la ville (²). Cette institution avait été fondée par les Demoiselles Alard (en 1861). Mademoiselle Curel en prit la direction le 1er mars 1870, et apporta dans ce nouveau poste tout le zèle et tout le dévoûment dont elle était capable. La municipalité augmenta, la même année, d'un tiers la subvention annuelle que recevaient précédemment les demoiselles Alard (³).

La mort de son frère, médecin-militaire (en mai 1872) et l'affaiblissement de sa santé l'ont décidée à résilier ses fonctions (fin juin 1872), pour aller se rétablir aux eaux de Vals (Ardèche), et passer ensuite quelque temps dans sa famille.

Elle avait obtenu le brevet de capacité d'enseignement primaire, le 21 juillet 1861, à Avignon, à la suite de brillants examens. Aussi remarquable par son instruction solide que par les qualités du cœur ; douée d'une volonté énergique, elle est pour tous les siens un ange tutélaire, et n'a cessé de se dévouer pour sa jeune sœur et pour ses frères, qui l'ont toujours considérée comme leur seconde mère ; à la rentrée des classes elle reprendra un poste ;

II. Henri-Jean-Baptiste-Ernest Curel, né le 26 juin 1843, docteur en médecine, aide-major de première classe, décédé le 2 mai 1872, auquel nous consacrerons une notice dans cet ouvrage ;

III. Faustin Curel, mort à l'âge de deux ans ;

IV. Curel Albert-Joseph-Marie, qui continue la descendance ;

V. Rose Curel, décédée à l'âge de quinze jours ;

VI. Marie Curel, morte vingt-deux mois après sa naissance ;

VII. Félix Curel, né à Sénas, le 23 janvier 1857, élève d'humanités au petit séminaire d'Avignon, a hérité des armes (héraldiques) de Jean-Louis Curel, prieur de St-Pons. Ses goûts semblent le destiner à la carrière militaire ; se prépare à entrer dans un lycée ;

(¹) Commune de 1,800 habitants, du canton de Cavaillon, sur la Durance.

(²) L'excellent certificat que lui a délivré la mairie de Sorgues, lors de son départ, témoigne des bons services de Mlle Curel, et atteste qu'elle se retire volontairement comme directrice de l'école laïque, et libre de tout engagement.

(³) Mlle Curel a été la première institutrice de notre fille aînée Mlle Angletine-Lyonette-Olga-Eudoxie-Minjollat de la Porte (de Marseille).

VIII. Emilie Curel, née à Sénas, le 28 mars 1860, élève au pensionnat Sarnette, de Cavaillon, et à l'institution Curel, de Sorgues-sur-l'Ouvèze ; douée d'une intelligence précoce et d'une remarquable aptitude pour la musique (piano) ; actuellement auprès de son père, en convalescence. Fut la compagne dévouée de son frère Ernest durant sa dernière maladie.

Onzième degré. — Curel Albert-Joseph-Marie, né à Sénas le 19 février 1851, baptisé le 27 du même mois, eut pour parrain Jean-Joseph Brest, et pour marraine, Marie-Julie Bedouin. Curel fit ses études classiques aux petits-séminaires d'Aix-en-Provence et d'Avignon ; il entra en pharmacie comme élève stagiaire à Cavaillon, chez son parent M. Seguin, pharmacien de première classe, le 1er janvier 1869, jusqu'à fin janvier 1871. Il s'engagea dans les ambulances en qualité d'aide-pharmacien lors de la dernière guerre ; mais son dévoûment ne put être utilisé, par suite de la signature de l'armistice. Libéré du service militaire (classe de 1871) ainsi que l'établit un certificat (n° 3) du préfet des Bouches-du-Rhône, en date du 13 juin 1872, il entra provisoirement dans l'enseignement en qualité de *premier maître-adjoint* près l'école municipale de la ville de Sorgues (¹), poste dans lequel il fut confirmé par arrêté préfectoral du 25 janvier 1872. La mort de son frère le décida à abandonner cette carrière ; il donna sa démission fin mai suivant pour rentrer dans sa famille et se préparer à prendre, à la rentrée des cours, ses inscriptions près d'une Faculté de médecine, car il se destine à l'art médical.

D'un caractère doux mais ferme, le jeune Curel semble justifier l'étymologie de son nom, sous le rapport de la vénerie, par son goût prononcé pour la chasse et la précision de son tir ; les armes sont pour lui des objets familiers. C'est le représentant direct du nom et des armes de Barthélemy Curel, seigneur de Méthamis (au XVIe siècle), et c'est lui qui est appelé à continuer la ligne directe (onzième degré) : non marié.

Conclusion. — En terminant cette partie essentiellement généalogique de notre opuscule, et avant de commencer les notices spéciales sur le commandant Curel et sur son neveu le docteur Ernest Curel, nous jetterons un coup d'œil rétrospectif sur la généalogie de cette noble et illustre famille, qui continue de nos jours les grandes traditions que trois siècles consacrent.

Fidèles à leurs principes et à leur antique devise : *Dieu, mon Roi, mon pays*, les Curel de nos jours n'ont jamais dérogé à la foi de leurs ancêtres ; ils appartiennent tous à la grande famille française

---

(¹) Sorgues, petite ville industrielle et commerçante, peuplée de 5,000 habitants. Ancien séjour de plaisance des papes et des cardinaux. Célèbre château-fort. De nos jours, on remarque l'hôtel-de-ville monumental et un château de la Renaissance. Une Société littéraire (de 300 membres) y prospère.

qui soutient la monarchie légitime, et leur fidélité pour les descendants de saint Louis et d'Henri IV a toujours été inébranlable. Nous allons résumer ici les services publics rendus par cette famille, d'après l'arbre généalogique que nous avons dressé pour composer cette étude historique et qui comprend soixante-quatre Curel.

Les Curel ont fourni des membres au clergé, à l'armée, au barreau, à l'instruction publique et à la médecine :

1° CLERGÉ.—I. Le Père Félix, capucin (fils de Jean Curel, XVIIe siècle), célèbre prédicateur ;

II. Jean-Jacques Curel, curé de Méthamis, frère du précédent ;

III. Alexis Curel, curé de Méthamis, fils de Jean-Joseph ;

IV. Jean-Baptiste Curel, curé de Cruas, diocèse de Viviers, en grand renom de sainteté, décédé en 1780 ;

V. Jean-Louis Curel, curé de St-Quentin puis prieur de St-Pons (1762), archéologue et casuiste distingué.

2° ARMÉE. — I. Jean-Baptiste-Thomas Curel, sous-officier d'infanterie, mort sur le champ de bataille en 1792 ;

II. Louis-Lazare-Alexis Curel, lieutenant à la légion de Vaucluse (1815), officier du Royal-Louis (1816) ;

III. Louis-Hilarion Curel, frère du précédent, engagé volontaire en 1870 au 8e de ligne ; mort de ses blessures en 1871 ;

IV. Charles-Alexis Curel, chef de bataillon, tué à Forbach le 6 août 1870 ;

V. Ernest Curel, médecin-aide-major de première classe au 99e de ligne, décédé le 2 mai 1872.

3° BARREAU. — I. Jean Curel, avocat, consul de Carpentras, savant jurisconsulte ; mort en 1784 ;

II. Etienne Curel, avocat en la Cour, notaire en 1739, consul de Carpentras ;

III. Antoine-François-Hippolyte Curel, licencié ès-droits, notaire en 1765, consul de Carpentras, archiviste.

4° INSTRUCTION PUBLIQUE. — I. Louise-Henriette Curel passa quinze ans dans l'enseignement : maîtresse-adjointe à Cavaillon, puis directrice de maison d'éducation à Sorgues (banlieue d'Avignon) ;

II. Albert-Joseph-Marie Curel, 1er maître-adjoint près de l'école municipale de la ville de Sorgues (1872).

5° MÉDECINE. — I. Louis-Lazare-Martin Curel, pharmacien dès 1792 à Carpentras ;

II. Louis-Hilaire-Esprit Curel, médecin dès 1841 ; fut maire de Sénas durant dix ans ;

III. Henri-Jean-Baptiste-Ernest Curel, docteur de la Faculté de Strasbourg (1867), médecin-militaire ; mort en 1872 ;

IV. Albert-Joseph-Marie Curel, ex-élève en pharmacie, étudiant en médecine (à l'ouverture des cours 1872).

En terminant, nous ferons observer qu'une des principales causes de la renommée brillante des Curel a été la pureté de leurs alliances. Ils recherchèrent constamment les premières familles du Comtat-Venaissin : les Villon, les Allibert, les Moulard, etc., etc. De nos jours, les Curel (9e, 10e et 11e degré) sont alliés, par la famille Moulard (alliance Allibert), avec les Pradier-Fodéré, dont M. Pradier-Fodéré, célèbre jurisconsulte à Paris, et avec la famille de Sylvestre de Malemort.

Le docteur Moulard, célèbre praticien de Marseille, et le docteur Esclangon, habile chirurgien, étaient les oncles de Louis-Hilaire-Esprit Curel (¹). Nous regrettons que le cadre restreint de cet ouvrage ne nous ait pas permis de consacrer un chapitre spécial aux alliances d'une famille dont beaucoup envient les gloires, et qui continuera la voie ouverte par ses honorables ancêtres.

III. LE COMMANDANT CUREL.

(Esquisse biographique.)

« J'ai connu le brave Charles Curel, nous disait un officier supérieur de nos parents ; c'était un aimable homme, agréable de manières, démonstratif comme un méridional qu'il était, bienveillant et affable pour le soldat, dévoué à ses proches et chéri de ses frères d'armes. »

Puis il ajouta :

« Une âme rêveuse, un esprit fin et ironique, une fantaisie mobile, un air mâle et distingué, tel apparut Curel dès les premières aurores de la seconde moitié de notre siècle. »

Cette appréciation d'un brave colonel, qui avait pu juger et apprécier Curel dans les camps aussi bien que dans les casernes, nous a semblé résumer assez notre héros pour être citée en tête de cette courte esquisse biographique.

Son grand-oncle, J.-B. Thomas Curel, sous-officier dans l'armée de Dumouriez, au *bataillon de Jemmapes*, qui exécuta la célèbre charge à la baïonnette commandée par le duc de Chartres (Egalité), à la bataille de Jemmapes (6 novembre 1792), périt dans cette charge, qui décida la victoire. Son père était un bon bourgeois de province, un patriarche de la charrue et de l'épée. Il avait conquis sur le champ de bataille le grade de lieutenant (légion de Vaucluse), et s'était mis au service du roi, lors de la Restauration, en qualité d'officier du Royal-Louis.

Charles-Alexis Curel était le dernier-né (quatrième enfant) de Louis-Lazare-Alexis-Augustin Curel et de Marie-Thérèse-Félice-

---

(¹) La famille Curel de Sarrians, dont un Curel fut conseiller d'arrondissement et notaire, et un autre avocat, est une branche collatérale de celle-ci. Nous n'avons pu la mentionner, faute de documents.

Amélie Allibert, mariés, de Carpentras. Né le 12 juillet 1829, à Méthamis, baptisé trois jours après, il eut pour parrain Charles-Marie-Martin Curel, son oncle paternel, et pour marraine, Louise-Marie-Marguerite Curel, sa tante maternelle.

Il commença ses études classiques au collége de Carpentras et fut destiné à la médecine ; mais son esprit bouillant et avide d'émotions ne pouvait se plier aux études abstraites ; il obtint de son père l'autorisation d'embrasser la carrière militaire, bien décidé à conquérir ses grades à la pointe de l'épée.

Curel s'engagea volontairement à la mairie de Carpentras, le 13 juillet 1846 ; fut incorporé, à la même date, au 1ᵉʳ régiment de chasseurs d'Afrique, et arriva au corps le 30 juillet. Le 2 septembre 1847, il passa au 8ᵉ régiment d'infanterie de ligne en vertu des ordres du lieutenant-général Oudinot, inspecteur général de cavalerie.

Fusilier le 15 septembre 1847, caporal le 9 novembre et caporal secrétaire du trésorier le 12 novembre même année ; caporal-fourrier le 11 mai 1848, sergent-fourrier le 6 octobre suivant, sergent le 13 septembre 1849, sergent-major le 7 novembre 1851, ensuite adjudant. Nommé sous-lieutenant le 25 juillet 1854, porte-drapeau le 19 septembre 1855, lieutenant le 27 décembre 1858, lieutenant de voltigeurs le 10 juillet 1859, officier d'ordonnance du général Etienney, commandant la Haute-Loire et le Cantal (le 14 octobre 1859 jusqu'au 29 mai 1861), capitaine le 20 janvier 1864, capitaine-adjudant-major le 22 septembre 1866, enfin chef de bataillon (promu provisoirement) au combat de Saarbruck, le 2 août 1870.

Charles-Alexis Curel avait été décoré de la médaille commémorative d'Italie en 1859, de la médaille du mérite militaire d'Italie, le 29 février 1860. Il était chevalier de la Légion d'honneur depuis le 28 décembre 1867, et sa belle conduite à Saarbruck l'avait fait porter par son général pour le grade d'officier de cet ordre.

Ce brave officier fit ses premières armes au 1ᵉʳ régiment de chasseurs d'Afrique, dans notre colonie algérienne du 28 juillet 1846 au 1ᵉʳ septembre 1847, époque où il passa au 8ᵉ de ligne. Embarqué de nouveau pour l'Afrique, le 4 février 1849, il débarqua dans sa mère-patrie le 11 septembre 1852.

A sa mort, il ne comptait pas moins de seize campagnes, soit en Afrique, soit en Italie et en Alsace. Durant sa carrière militaire, il ne cessa de donner des preuves de capacité dans l'art stratégique ; il avait résumé tous les exercices de son corps d'armée au camp de Châlons (avec plans à l'appui) en un fort volume manuscrit qu'il se proposait de publier lors de la déclaration de guerre.

Charles Curel avait la mémoire du cœur. Célibataire, la famille de son frère était la sienne ; il se préoccupait constamment de ses neveux et de ses nièces, et avait une affection particulière pour

Louise-Henriette Curel et pour Ernest Curel, les deux aînés de son frère. Chaque fois qu'il obtenait un congé, il venait passer tout ce temps de repos au milieu de ses proches, à Sénas, où il comptait de nombreux et dévoués amis.

Ses manières distinguées, son caractère loyal et qui n'avait rien de la rudesse du soldat, l'accueil affable qu'il réservait à tous ceux qui avaient besoin de lui, le firent toujours rechercher de la bonne société et lui attirèrent l'estime générale. Sans l'impitoyable mort qui vint le frapper au désastreux combat de Spickeren-Forbach, il serait arrivé par son intelligence et par sa bravoure à un grade élevé dans l'armée.

Fidèle aux principes chrétiens de son illustre famille, il n'oublia jamais ses devoirs religieux, et, dans les grandes batailles, il se souvint qu'il avait dans la Mère de Dieu une protectrice; il se plaisait à reconnaître l'intervention divine dans plusieurs périls qu'il avait courus sur les champs de bataille.

Durant la campagne d'Italie, il assista à toutes les opérations militaires du quatrième corps, 1re division d'infanterie, 2e brigade commandée par le général Lenoble), dont le 8e de ligne faisait partie, et se signala notamment au combat de Medole, un de ceux qui préparèrent la grande bataille de Solférino.

La déclaration de guerre à la Prusse réjouit Curel; il espérait que, cette fois encore, nos intrépides soldats seraient victorieux des troupes germaniques; toutefois il ne se dissimulait pas les difficultés qu'il y aurait à vaincre des ennemis préparés depuis longtemps et commandés par des officiers connaissant toutes les contrées limitrophes de la France. Le 8e de ligne fut compris dans le 2e corps de l'armée du Rhin (qui comptait 26,084 hommes et 4,789 chevaux), commandé par le général Froissard. Ce régiment fit partie de la 2e division d'infanterie (général Bataille) et de la 1re brigade (général Pouget, remplacé peu après par le général Mangin).

Le 16 juillet 1870, Curel quittait le camp de Châlon avec son régiment, qui ne comptait alors que 1,350 hommes; le 18, il arrivait à St-Avold, et le lendemain 19, sa division fut portée vers la frontière, à Forbach, pour surveiller l'attitude de l'ennemi. Il écrivit de Forbach à sa famille, plein d'espoir pour l'avenir, se recommandant aux prières de ses proches et spécialement à celles de sa sœur Adélaïde. Le 21 juillet, le 8e de ligne occupait la position de Spickeren, au nord-est de Forbach, dominant la route de Saarbrück. Le 2 août, à dix heures du matin, la division Bataille se mit en mouvement, en première ligne, pour enlever Saarbrück; la première brigade (8e de ligne), appuyée par la brigade Verger, s'avança par la voie ferrée, les bois et la route, pour aborder de front les pentes et le plateau du champ de manœuvres. Après une vive fusillade, les hauteurs furent enlevées, et, le même soir, le corps d'armée tout entier était campé en arrière des crêtes de Saarbrück. Dans ce combat, dont on a exagéré l'importance en France, Curel se distingua par son sangfroid et son intrépidité dans l'attaque. Le lendemain, il écrivait à son frère, lui narrant les principaux faits de l'affaire de la veille. Le 8e de ligne n'avait eu que quatre blessés ce jour-là.

Le 5, les mouvements des 7e et 8e corps de la 2e armée prussienne et l'aile droite du 3e corps de leur 2e armée, qui convergeaient vers Saarbrück, faisaient pressentir une affaire pour le lendemain. La division Bataille (qui comprenait le 8e de ligne) avait été postée à Œttingen, en seconde ligne, comme réserve. Le 6, le général en chef prussien, comprenant que les hauteurs de Spickeren étaient pour nous la clef de la position, dirige de nouvelles forces contre notre droite. L'action était engagée définitivement.

Pendant que l'avantage était à nous sur le plateau de Spickeren, le général Vergé perdait du terrain dans la vallée de Stiring.

Vers midi, la division Bataille, en réserve à Œttingen, s'ébranle. Le colonel Haca, du 8e de ligne, de la 1re brigade, se porte avec cinq bataillons et deux batteries au secours de notre gauche sur Stiring où nos troupes pliaient. La position est reprise, grâce à cette coopération.

Le combat était des plus acharnés sur le plateau de Spickeren. Le général Bataille envoie deux bataillons du 8e de ligne, qui apportent un utile secours à la 3e division (Lavaucoupet) à un moment où le feu était des plus intenses.

Curel était à la tête du dernier bataillon du 8e de ligne, il avait déjà fait des prodiges de valeur sur le plateau de Spickeren et à la reprise de Stiring. Partout où il y avait du danger, il affrontait les balles et la mitraille, qui semblaient respecter son intrépidité. Notre 2e corps d'armée, écrasé par le nombre, luttait toujours. Le bois de Stiring, très-menaçant pour nous, était toujours à la disposition des Prussiens. Le général Bataille ordonne à deux bataillons du 67e de ligne et au dernier du 8e (celui de Curel) d'enlever le bois. Nos braves soldats s'élancent sur les Prussiens, engagent une lutte désespérée, et ce mouvement nous permet de reprendre les cinq canons qui avaient été abandonnés quelques heures auparavant en avant du village.

Dans cette action, le commandant Curel voyant son bataillon fléchir dans sa vigoureuse attaque, se porta en avant entraînant ses soldats. Mais cette fois, les balles prussiennes avaient arrêté son courage. Quand nos troupes furent maîtresses de Stiring, on constata la disparition de l'intrépide Curel ; il était mort de la mort des braves (6 août 1870).

Victime de sa bravoure, il ne put être compris dans les promotions faites à la suite du combat de Spickeren-Forbach et confirmé dans le grade de chef de bataillon, grade qu'il avait payé de sa vie.

La 2e division d'infanterie avait eu, dans ce combat, 5 officiers tués, 33 blessés, 1 disparu (Curel fut porté disparu). On compta, en outre, parmi les sous-officiers ou soldats, 26 tués, 404 blessés et 301 disparus.

Le total des tués, des blessés ou des hommes disparus du 2e corps d'armée, dans la journée du 6 août, fut de 4,078, dont 249 officiers.

Ainsi périt, au début de la campagne, le courageux Charles-Alexis Curel, à l'âge de 41 ans, et au moment où, grâce à son intelligence et à son énergie, un avenir brillant semblait s'ouvrir devant lui. Il avait débuté par le fusil du soldat, il devait trouver la mort l'épée de commandement à la main, à la tête de son bataillon. Ses frères d'armes le pleurèrent, car il était pour eux un ami et un père ; sa famille inconsolable n'oubliera jamais son dévoûment pour ses proches, et ses compatriotes comme ses amis se souviendront longtemps de sa gaîté franche et de son bon cœur.

IV. NOTICE SUR LE DOCTEUR CUREL,

MÉDECIN MILITAIRE.

Curel Henri-Jean-Baptiste-Ernest naquit à Malemort, canton de Mormoiron (Vaucluse), le 26 juin 1843. Il commença ses études classiques au petit-séminaire d'Aix, et fut ensuite placé en qualité d'élève interne au collége de Carpentras. Il se fit remarquer dans cet établissement universitaire par son intelligence précoce, et, dès la première année, il obtint les meilleures places dans les compositions.

Reçu bachelier ès-lettres en 1862, bachelier ès-sciences en 1863, il concourut pour être admis à l'école impériale de santé militaire de Strasbourg, y fut admis en novembre 1863, et obtint du ministre de la guerre (pour les services publics de sa famille) la bourse entière et le trousseau complet.

Plusieurs fois lauréat de l'école, il étudia la médecine avec passion, s'adonna spécialement aux grandes opérations chirurgicales en consacrant ses loisirs à l'étude des plaies d'armes à feu. Dans ses études supérieures comme au collége, il sut toujours se concilier l'estime de ses professeurs et l'amitié de ses condisciples. Il était le conseiller de ses collègues par son jugement droit et sévère et son talent d'observation ; son excellent cœur et sa profonde reconnaissance pour ceux qui lui faisaient du bien lui valurent toujours de la part de ceux qui le connaissaient un accueil sympathique.

Il prit le grade de docteur en médecine en 1867, et cet examen lui fournit l'occasion de présenter sur un sujet aride, *le secret médical*, une thèse remarquable. L'auteur fait preuve dans cet ouvrage, qui certes a une haute portée, d'une vaste érudition complétée par un esprit ferme et consciencieux ; il envisage sous son véritable jour l'inviolabilité du secret dont le médecin est bien des fois le confident, et démontre le devoir sacré qui incombe au praticien de garder ce secret et de ne pas le faire pressentir par une imprudence.

Admis au Val-de-Grâce, à Paris, comme médecin stagiaire, il signala son entrée dans cet hôpital militaire par ses succès en médecine opératoire et par la sûreté de son diagnostic.

Envoyé en Afrique en qualité de médecin aide-major de 2e classe, il utilisa les deux années de séjour dans cette colonie par des observations importantes sur le climat africain, sur les cercles militaires de l'Algérie et sur le régime sanitaire qui convient le mieux à nos armées sous cette zone. La déclaration de guerre (1870) fut la cause de son retour en France ; il débarqua à Marseille, eut à peine le temps d'embrasser les siens, et arriva à Paris par le dernier train qui put entrer dans la capitale.

Durant le siége, il fut chargé de divers services spéciaux : successivement organisateur d'une ambulance à Alfort, médecin au 39e de marche, puis au 139e de ligne, lors de l'armistice, il fut envoyé en qualité de médecin aide-major de 1re classe au camp des Alpines (près d'Avignon), et put voir sa famille encore inconsolable de la mort du commandant Curel. Ce fut durant son séjour à ce camp (en mai 1871) qu'il vint assister à la première communion de sa jeune sœur Emilie, à Sorgues.

Il se trouvait à Paris lors des affaires de la commune et fut assez heureux pour en sortir (déguisé en ouvrier maçon), grâce à un laisser-passer que lui délivra Raoul Rigault qu'il avait connu à Paris longtemps avant le 4 septembre.

Médecin aide-major de 1re classe au 12e de ligne (alors en garnison à Pont-St-Esprit), attaché ensuite au 99e de ligne en garnison à Nîmes, il était heureux de se trouver sous le climat méditerranéen qui seul convenait à sa nature ardente, et profitait de son temps libre pour rendre visite à sa famille.

Il avait contracté sa maladie durant le siége de Paris ; une affection de foie compliquée d'une ascète vint encore aggraver sa position. Néanmoins il continua de donner *à ses chers malades* (comme il se plaisait à les appeler) tous ses soins, et, durant plusieurs semaines, on le vit se traînant péniblement d'un lit à l'autre et prodiguant aux soldats malades toutes sortes de consolations.

Se sentant perdu, Ernest Curel voulut rentrer au foyer paternel et revoir les siens : il quitta Nîmes, qu'il ne devait plus revoir, et arriva à Sénas, dans les premiers jours de mars. Là, les soins les plus empressés lui furent prodigués ; ses confrères des environs ne cessèrent de le visiter, et son père, aussi médecin, ne le quitta pas un instant. Il appela sa sœur aînée, Mademoiselle Louise-Henriette, auprès de lui : la faible différence d'âge existant entre eux les avait rendus tendrement unis ; lui même la chérissait, et en retour, sa sœur, dont le cœur d'or est apprécié de tous, s'était en toutes circonstances dévouée pour lui. Il voulut voir ses deux frères Albert et Félix ; sa jeune sœur Emilie était auprès de lui depuis son arrivée, et sa mère ne cessait de se multiplier auprès de l'intéressant malade.

Il nous a été donné, à nous aussi, d'admirer la résignation toute chrétienne, la patience dont le jeune docteur, notre ami, fit preuve durant sa maladie ; dans ses horribles souffrances, il consolait sa tendre mère et sa bonne sœur aînée, tout en calmant par de douces paroles les autres membres de sa famille.

Ce n'est pas sans émotion que nous nous rappelons les dernières paroles de cet estimable et bien regretté Ernest, lors de notre dernière visite du 24 mars : « Adieu, nous dit-il ; puisque » vous préparez sur ma famille et sur mon oncle une notice, vous » consacrerez quelques lignes à ma mémoire ; car, je le sens, » j'irai rejoindre mon cher oncle Charles ; cette maladie sera pour » moi la dernière. »

Nous voulûmes le consoler, le faire espérer encore, tout en lui cachant nos larmes ; mais, hélas ! il ne se faisait pas d'illusions ; il comprenait que son heure était proche ([1]).

Il demanda les secours de l'Eglise et reçut les derniers sacrements avec une piété qui arracha des larmes à tous les assistants. A partir de ce moment, il ne pensa plus qu'à consoler ses proches qui l'entouraient et à penser à Dieu qui allait lui ouvrir les portes de l'éternité. Jusqu'aux derniers moments, il connut ceux qui l'assistaient, les priant de ne pas pleurer et leur faisant les plus sages recommandations.

Enfin, le 2 mai, à onze heures du matin, il s'éteignait doucement. Le lendemain vendredi, 3 mai 1872, ses funérailles témoignaient de l'estime dont il jouissait : toute la commune de Sénas, y compris le maire, beaucoup d'habitants d'Orgon et d'Eyguières, de nombreux confrères des environs, composaient le cortége, dans lequel on remarquait quelques chefs de brigade de gendarmerie et plusieurs officiers de la garnison de Salon accompagnés de leur médecin-major.

Nous nous proposions de prononcer sur la tombe de notre ami un éloge funèbre, mais, averti tardivement et retenu par un service administratif, nous ne pûmes avoir cette consolation. Qu'il nous soit donc permis de jeter sur sa tombe quelques fleurs impérissables par les lignes que nous lui consacrons dans cet opuscule.

([1]) Le docteur Ernest Curel devait être parrain de notre fils (troisième-né) Arbogaste-Hugues-Foulques-Mayeul-Gaëtan-Minjollat de la Porte, âgé de sept mois et demi, né à Sorgues-sur-l'Ouvèze (Vaucluse).

Un caveau de famille, construit récemment, a reçu la dépouille mortelle du regretté défunt, et une inscription simple redira avec cette notice les vertus d'Ernest Curel aux générations à venir.

Esprit libéral et ardent, Ernest Curel n'eut jamais d'ennemis politiques ; pour lui, son régiment était une seconde famille, et il aimait le soldat qu'il ne cessait de plaindre et dont il était chéri. Partisan du développement de l'instruction primaire, tout en respectant les grands principes monarchiques de sa famille, il appartenait au parti libéral-conservateur et était tout dévoué à son pays. Sa mort a fait un grand vide dans sa famille. Puissent ces quelques lignes la consoler de cette perte irréparable et lui donner une preuve de notre attachement qui, loin de diminuer, a grandi avec les malheurs. Espérons que le frère du regretté docteur, Albert Curel, conservera au nom glorieux qu'il porte le reflet que voulait augmenter notre excellent ami Ernest que nous pleurerons longtemps encore.

V. CONCLUSION. — BIBLIOGRAPHIE.

Pour compléter notre Etude généalogique sur la famille Curel, et les deux esquisses biographiques qui l'accompagnent, nous donnerons ci-après le détail des sources auxquelles nous avons puisé les principaux documents :

I. *Biographie de Vaucluse*, par le docteur Barjavel, 2 vol. in-8°. Carpentras, 1842. (V. à la lettre C, l'article qu'il consacre aux Curel.

II. *Tableau généalogique de la famille Curel*, dressé avant 1789 par l'abbé Jean-Louis Curel, prieur de St-Pons. (Original contenant 34 Curel.)

III. *Cahiers généalogiques* dressés par Louis-Lazare-Martin Curel, pharmacien en 1792, et par Louis-Lazare-Alexis Curel, officier du Royal-Louis en 1816.

IV. *Arbre généalogique* complet, du XVIe siècle à 1871, d'après les archives de Méthamis, de Carpentras et de Sénas, dressé par J.-E.-M. de la Porte (l'auteur de cette brochure). Il comprend environ 64 membres de la famille Curel, en onze degrés.

V. *Dossier du commandant Charles-Alexis Curel* : nomination, état de services, etc.

VI. *Dossier administratif de Mademoiselle Louise-Henriette Curel* : actes de naissance et de baptême, brevet, deux certificats de bons services du pensionnat Sarnette, un, *idem*, du maire de Cavaillon ; un excellent certificat de la mairie de Sorgues (22 juin 1872), constatant que Mademoiselle Curel a tenu une conduite irréprochable et a rempli ses fonctions avec zèle, etc.; un certificat du chanoine Illy, curé de Sorgues, également très-élogieux, etc.

VII. *Dossier administratif d'Albert Curel :* inscriptions en pharmacie, quatre certificats constatant sa bonne conduite et son zèle dans les établissements dans lesquels il a passé.

VIII. *Dossier du docteur Ernest Curel :* diplômes, nominations officielles, etc.

IX. *La campagne d'Italie de 1859*, par le baron de Bazancourt, 2 vol. in-12, avec cartes, 1860. Paris. Mentionne le 8e de ligne.

X. *Rapport sur les opérations du 2e corps de l'armée du Rhin en 1870*, par le général Froissard, in-8°, 1871. Mentionne Charles-Curel et le 8e de ligne.

XI. *Combats et batailles du siége de Paris*, in-8° illustré, 1872. Paris.

XII. La presse de Paris et de la province (plus de trente grands journaux) a consacré au docteur Ernest Curel des notices nécrologiques fort intéressantes ; les organes de tous les partis ont été unanimes à sauver son nom de l'oubli ; nous citerons :

1° *La Gazette des hôpitaux*, de Paris ; 2° *le Progrès du Midi*, d'Avignon (5 mai); 3° *le Petit Marseillais* (7 mai); 4° *la Démocratie du Midi*, d'Avignon (7 mai); 5° *le Messager du Midi de Montpellier* (7 mai); 6° *le Comtat*, de Carpentras (le 9 mai); 7° *le Journal de Vienne et de l'Isère* (le 12 mai); 8° *le Gard républicain*, de Nîmes (le 12 mai); 9° *le Réveil de l'Ardèche*, de Privas (le 15 mai); 10° *l'Union de Vaucluse*, d'Avignon (le 16 mai); 11° *le Dauphiné*, de Grenoble (le 26 mai), etc., etc.

Ces diverses feuilles ont toutes, d'un commun accord, fait l'éloge d'Ernest Curel. Nous y avons puisé d'intéressants détails pour la rédaction des deux dernières esquisses biographiques sur Charles Curel et sur son neveu.

PUBLICATIONS DE J.-E. MINJOLLAT DE LA PORTE.

I. *Notice sur le docteur F.-V. Bally*, médecin en chef de l'ex-pédition de St-Domingue; in-8°. Vienne, 1867. 200 exemplaires.

II. *Essai historique sur Beaurepaire d'Isère*, ouvrage de bibliophile en caractères elzéviriens avec vignettes, grand in-8° sur papier teinté, édition de luxe. Vienne, 1867. 200 exemplaires.

III. *Notice sur Notre-Dame-de-Châtenay* (chroniques et légendes), diocèse de Valence, in-12. Bagnères-de-Bigorre, 1867. 100 exemplaires.

IV. *Etude archéologique sur la famille d'André*, de l'ancienne sénéchaussée de Pézenas, in-8°. Marseille, 1868. 200 exemplaires.

V. *Un pèlerinage à Notre-Dame de la Garde* (notice historique), in-8°. Montpellier, 1868. 400 exemplaires.

VI. *Guide du pèlerin à Notre-Dame de la Garde*, à Marseille, in-8°. Montpellier, 1869. 2,000 exemplaires.

VII. *Notice sur le chevalier H.-B. Chaillan*, de Riez; in-8°. Roanne, 1870. 200 exemplaires.

VIII. *Notice sur le docteur Adrien Roubaud*, né à Amiens, médecin en chef de l'hôpital de Gap, in-8°. Roanne, 1870. 500 exemplaires.

IX. *Etude généalogique sur la famille Curel* en Comtat-Venaissin, suivie de notices sur le chef de bataillon C.-A. Curel, et sur son neveu le docteur E. Curel, médecin militaire, in-8°. Grenoble, 1872. 500 exemplaires.

X. *Le Château de Roussillon. — Les Ruines de Malleval et la cascade du Saut-de-Lorette. — Les Timbres-poste* (origine et collections): ont paru en feuilleton dans le *Journal de Vienne*, 1867.

XI. *La Pêche du corail*, causerie scientifique.—*La rue Beaurepaire à Paris*, rectification historique : ont paru dans le journal le *Dauphiné*.

XII. *Le Cromlech de Douévas. — La Société pour l'étude des langues romanes* : dans le *Courrier de la Drôme*, 1870, etc., etc.

En préparation :

Organisation des classes préparatoires à l'enseignement classique et spécial dans les lycées et colléges de l'Université; conseils aux maîtres chargés de ces classes. — Brochure in-8°, paraîtra en 1873.